"La *ripetizione* crea reputazione e la reputazione crea clienti."

(Elizabeth Arden)

Prefazione

Biografia

ISBN: 978-0-244-88073-6
1° edizione: Aprile 2020 - © Marianna Archetti

Prefazione

Quante volte sentiamo parlare di marketing, quanto spesso non capiamo di cosa si stia parlando e quante volte lo applichiamo male, pensando che "copiare" quello delle imprese internazionali sia la via giusta.

Il marketing sta diventando una funzione cardine dei sistemi aziendali, tale da influenzare le scelte dell'imprenditore grande o piccolo che sia. Già da tempo i manager delle aziende, si sono accorti dell'esistenza di un mercato da soddisfare e di un cliente maggiormente esigente. I mercati sono diventati sempre più sovraffollati e competitivi, per questo motivo è necessaria una formazione per gestire e risolvere questi problemi.

Una leva del marketing è la comunicazione, che negli ultimi anni si è evoluta portando nuove realtà che si sono affiancata ai sistemi tradizionali. Spesso però non siamo in grado di sfruttare né gli uni né gli altri, investiamo male e non abbiamo risultati.

Lo scopo del volume è fornire nozioni per comprendere al meglio la funzione del marketing, in particolare la comunicazione, per evitare di cadere in errori, non solo per la grande impresa ma soprattutto per il negozio di quartiere.

1. L'AMBIENTE DELL'IMPRESA

Cosa è l'impresa? L'impresa è un'organizzazione economica costituita da un complesso di interlocutori interni ed esterni, che mediante la combinazione di risorse differenziate, svolge processi di acquisizione e di produzione di beni e servizi con lo scopo di distribuire valore tra i suoi partecipanti. L'impresa può quindi essere vista come al centro di rapporti con differenti gruppi sociali ovvero gli stakeholder cioè tutti coloro che sviluppano interessi di vario genere nei confronti dell'impresa e che, perseguendo i propri obiettivi cercano di condizionare quelli dell'impresa.

Prima di lanciarci nel marketing dobbiamo sapere quali sono gli obiettivi dell'impresa. Per creare una strategia vincente occorre che gli obiettivi siamo: semplici, coerenti e a lungo termine. Va studiato l'ambiente competitivo di riferimento, nel quale troviamo i clienti e i loro fattori critici, i concorrenti ed i fornitori. D'altra parte è necessaria anche la stima dell'ambiente in generale e delle risorse a disposizione dell'azienda.
Una valutazione complessa ma necessaria. Una volta individuato tutto questo occorrerà poi implementare la strategia migliorandosi e rinnovandosi costantemente attraverso un processo di apprendimento continuo.
Una strategia di successo deve essere coerente con i bisogni dei clienti, con le tecnologie esistenti e le dinamiche concorrenziali oltre che con le risorse disponibili ed attivabili ed in linea con

l'attesa di valorizzazione delle stesse, in una prospettiva di lungo periodo.

Si parla di lungo periodo perché una strategia non può essere pensata come un "detto fatto" ma va curata e perseguita.

La strategia competitiva è costituita dall'insieme delle scelte e delle azioni mediante le quali il soggetto economico persegue la realizzazione, il consolidamento e la difesa di una posizione di vantaggio nell'ambito in cui opera.

La formulazione della pianificazione strategica deve considerare due gruppi di fattori:

- quelli che definiscono il grado di attrattività del campo d'azione in cui l'impresa ha scelto di operare (misurato in base alla redditività di lungo periodo)

- quelli che determinano il vantaggio d'impresa rispetto ai rivali operanti nello stesso ambito competitivo.

Il primo punto fondamentale di fattori da analizzare, come già anticipato, è l'ambiente esterno, che consente di determinare il grado di attrattività dell'ambito competitivo e il comportamento dei concorrenti. Il secondo sono tutti quei fattori che l'impresa è in grado di controllare e che gli permettono d'individuare le linee di sviluppo di vantaggi competitivi esclusivi e difendibili nel tempo, ovvero l'ambiente interno.

Nell'analisi della nostra attività dovremo tenere conto di due tipi di mercato;

- il mercato a monte: ossia dove vengono acquistate materie prime, componenti, servizi, forza lavoro.

- il mercato a valle: ovvero quello di vendita dei propri prodotti e servizi e quindi la clientela. La cui forza è dettata dalla possibilità di confronto e scelta tra offerte diverse e la cui forza è tanto più elevata quanto maggiore è il numero delle alternative a sua disposizione altrettanto valide o valevoli per le sue esigenze.

Per delineare gli indirizzi che dovrà prendere l'azienda importantissimo è il calcolo per individuare il break even point cioè il punto di pareggio in cui ricavi totali e costi totali si equivalgono ed il profitto aziendale è pari a zero. La cui formula matematica è $BEP = CF / (PV - CVU)$

Analizzando la formula si deduce che:

- *BEP* è il Break even point, ovvero la quantità di unità da produrre per pareggiare i costi;

- *CF* sono i costi fissi;

- *PV* è il prezzo di vendita di una sola unità del prodotto;

- *CVU* è il costo variabile unitario, ovvero il costo variabile applicato a quella singola unità di prodotto;

- *La formula tra parentesi* (PV prezzo di vendita – CVU costo variabile unitario) indica il Margine di Contribuzione, ovvero l'incidenza dei costi fissi sul prezzo di vendita. In altre parole indica la quantità che rimane togliendo al prezzo di vendita i costi variabili unitari. Questa quantità è quella necessaria a coprire i costi fissi;

- La somma tra costi fissi e costi variabili rappresenta i costi totali: $CT = CF + CV$.

L'importanza è data dal fatto che attraverso questa formula possiamo:

- evidenziare la quantità di vendite necessarie a raggiungere una situazione di pareggio;

- individuare il prezzo di vendita dei prodotti aziendali in modo ottimale. E da qui poter fare le valutazioni in base al mercato;

- verificare gli utili e le perdite durante tutto lo svolgimento dell'attività di produzione;

- pianificare campagne di marketing mirate a migliorare il profitto aziendale.

In poche parole conoscere l'ambiente dove è situata la nostra attività economica è fondamentale, confondere il local con il regionale o nazionale può portare gravi danni. Individuare l'ambiente dove si lavora rappresenta il primo passo verso l'analisi delle strategie che permetteranno di sviluppare al meglio la complessa funzione del marketing.

2. IL MARKETING

2.1. Cosa è il marketing

Esistono varie definizioni di marketing, ciascuna corretta e che individua una caratteristica di questo settore.

"Il marketing è l'intera azienda guardata dal punto di vista del risultato finale, cioè dal punto di vista della clientela".

"Il marketing è il processo sociale mediante il quale una persona ottiene ciò che è oggetto dei propri bisogni o desideri cercando e scambiando prodotti e valori con altri".

"Il marketing consiste nel metter a disposizione dei consumatori i prodotti giusti, nel luogo e nel momento giusto, al giusto prezzo e con un adeguato supporto pubblicitario e promozionale".

"Il marketing è la funzione di raccordo tra l'azienda e il mercato"

Ognuna di queste definizioni riconduce a 6 concetti fondamentali: bisogno/domanda, prodotto, soddisfazione, scambio, mercato ed azienda.

Analizziamoli uno alla volta:

I) Bisogno – Domanda
Significa analizzare quello che la domanda richiede e capire quali siano i bisogni del consumatore.

II) Prodotto
Verte sulla messa a punto di un prodotto/servizio che soddisfi appieno quello che la domanda richiede. Studiare adeguate strategie pubblicitarie e promozionali. Ovvero progettare tutti quei mezzi che (come vedremo poi) portino il consumatore ad individuare il prodotto/servizio come adatto a soddisfare il suo bisogno.

III) Soddisfazione
Una volta informati del prodotto questo deve rispettare le aspettative e quindi soddisfare il cliente finale.

IV) Scambio
Si intende il prezzo. Analizzarlo e determinarlo in base al BEP e alle politiche di prezzo individuate tenendo in considerazione l'ambiente dove si colloca l'attività; se di fascia bassa, media o alta. Questo non condizionerà solo la redditività del prodotto/servizio ma anche la sua immagine sul mercato.

V) Mercato
Guardarsi attorno e individuare le mosse dei competitors, le loro forze o debolezze, gli spunti. Trovare nuove opportunità nello spazio del nostro servizio (locale, regionale, nazionale). Mercato

significa anche aggiornamenti legislativi per individuare nuove strade in base ai cambiamenti e alle possibilità normative.

VI) Azienda

Occuparsi di marketing significa interagire con tutto l'insieme dell'azienda cioè tutti quei beni organizzati dall'imprenditore per l'esercizio dell'impresa.

Il concetto di marketing spesso è confuso. Cosa vuol dire fare marketing?

Fare marketing significa studiare i bisogni della domanda nel mercato di riferimento, in modo da realizzare in un contesto aziendale, prodotti/servizi che soddisfino i consumatori e che creino profitto all'azienda.

Quindi, il responsabile marketing, nelle aziende a raggio locale (ovvero imprese familiari, professionisti, negozi, ristoranti...) è spesso l'imprenditore stesso e deve assolvere compiti stabiliti:

- Studiare la domanda

Conoscere le abitudini dei consumatori e quali siano i loro bisogni (proponiamo un caso: individua cosa viene consumato per la prima colazione e quali esigenze non vengono soddisfatte, come ad esempio quella di un caffè con un gusto aromatizzato)

- Studiare il prodotto

Dopo aver individuato i bisogni, occorre che dia all'azienda le indicazioni affinché venga messo a disposizione un prodotto/servizio coerente con i risultati ottenuti. A seguito di ciò crea la campagna pubblicitaria per sostenere il prodotto/servizio (nell'esempio fatto, chiederà la creazione di un caffè aromatizzato e quindi pubblicizzerà quel prodotto)

- Stabilire il prezzo

Per definire il prezzo, prima calcolerà con l'imprenditore il BEP, poi rileverà i prezzi della concorrenza. In base a quanto l'azienda vorrà guadagnare e alla fascia di mercato nella quale si vorrà posizionare, indicherà la politica di pricing.

- Generare soddisfazione

A questo punto devono essere messi in atto tutti quei mezzi che generino soddisfazione nel consumatore (per aver bevuto il caffè aromatizzato), che lo tranquillizzino sulla (buona) scelta fatta e che lo spingano a riacquistare.

- Analizzare il mercato

Capire cosa stiano facendo i concorrenti e cosa faranno nel futuro (includendo analisi della pubblicità)

- Interagire col sistema aziendale

Chi svolge queste azioni deve comunicare con tutte le altre funzioni aziendali. Capire se ci sono i mezzi finanziari idonei per una nuova campagna pubblicitaria o per investire in corsi per i dipendenti o in ricerca e sviluppo. Se c'è possibilità d'investire in nuovi prodotti/servizi. Pertanto deve svolgere una funzione di raccordo tra le varie funzioni interne.

2.2. Cosa non è il marketing

Spesso quando si parla di marketing lo si confonde con *la vendita*. In realtà entrambe le attività attengo all'area commerciale, ma mentre il marketing pone in essere tutte le condizioni affinché un prodotto venga venduto, l'attività di vendita fa sì che questo avvenga usando gli strumenti che proprio il marketing mette a disposizione per vendere il prodotto. Un altro errore è confondere il marketing con *la pubblicità*, che chiaramente costituisce uno degli aspetti fondamentali nell'attività di marketing ma non la esaurisce, la supporta mettendo a punto i mezzi idonei attraverso i quali i prodotti raggiungano gli obiettivi di notorietà presso i consumatori attuali o potenziali.

Anche la funzione di *merchandising* è spesso confusa. Ma mentre il marketing si occupa di tutti gli aspetti relativi alla gestione di un prodotto, il merchandising riguarda solo la fase in cui il prodotto è già nel punto vendita e quindi cerca di ottimizzare il suo spazio espositivo.

Abbiamo capito che fare marketing vuol dire tenere sotto controllo il mercato in cui operiamo, agendo su una funzione trasversale all'interno dell'impresa per essere sempre al corrente dei mezzi che l'azienda può mettere a disposizione per soddisfare le aspettative del consumatore. Vuole anche dire star attenti a quello che fanno i concorrenti.

3. IL MARKETING MIX

Se ne è sentito parlare in manuali, in corsi, in convegni, anche a sproposito, ora vediamo cosa è effettivamente.

Il marketing mix è l'insieme di tutte le attività rilevanti per immettere sul mercato un prodotto, analizzato in un contesto coerente con gli obiettivi prefissati.

Il concetto si base sulle quattro "p": prodotto, prezzo, pubblicità, punto vendita. Andiamo a vederli uno ad uno.

- Prodotto

Il prodotto rappresenta l'insieme di tutte le caratteristiche che l'offerta deve possedere, quali presentazioni, il marchio, la confezione, la dimensione, la qualità (ovviamente per prodotto si intende anche il servizio offerto) ed è frutto delle decisioni prese dopo una accurata analisi. Tali decisioni accompagnano la vita del bene, dal momento del lancio fino alla sua eliminazione. Bisogna tenere in considerazione che la maggior parte delle decisioni riguardanti il prodotto non sono modificabili nel breve periodo, per questo vanno bene ponderate.

Il prodotto è tutto ciò che può essere offerto in un mercato in quanto in grado di soddisfare un bisogno (quindi anche un servizio), è un insieme di vantaggi, benefici, attese, contributi tangibili ed intangibili ai quali il consumatore annette un valore. Pertanto il prodotto dovrà avere un sua funzione in risposta ai bisogni del consumatore, una qualità che va paragonata con il livello di settore al quale ci siamo rivolti scegliendo il posizionamento sul mercato per la nostra attività. La qualità poi è esaminata da una parte come qualità merceologica, ovvero valutata attraverso analisi tecniche, qualità commerciale, cioè giudicata in coerenza con le aspettative del mercato obiettivo, dall'altra misurata testando il prodotto direttamente col consumatore cioè valutata in base alla percezione del cliente.

Andiamo quindi ad analizzare quale potrebbe essere visione del prodotto:

○ prodotto generico: ha un vantaggio essenziale che deve essere incorporato in un prodotto/ servizio. Possiede una caratteristica che determina il prodotto per quello che è stato ideato (es. misurazione del tempo -> orologio)

○ prodotto atteso: corrisponde alle aspettative che alcuni consumatori manifestano in quel momento. Ma la percezione del consumatore è diversa da individuo a individuo, ecco perché ogni consumatore attribuisce una diversa importanza ai singoli benefici ricercati in ogni prodotto/servizio. Per questo motivo i consumatori soddisfano il medesimo bisogno attraverso l'acquisto di diversi prodotti, di marche diverse dello stesso prodotto o di modelli diversi della stessa marca.

○ prodotto potenziale: è quello che ha delle caratteristiche che non esistono ancora sul mercato e che potrebbero attrarre il consumatore.

° prodotto ampliato: introduce il collegamento tra il bene/servizio offerto e la strategia di differenziazione che vede impegnata l'impresa nello sviluppo di un prodotto che possa venire percepito come differente, andando ad agire sulla comunicazione.

Ancora, per il prodotto il nome è importantissimo per il suo successo. Oltre al nome proprio, spesso il prodotto ha anche un cognome, rappresentato dal marchio dell'azienda produttrice. Il nome va scelto in modo che richiami e suggerisca al consumatore alcune peculiarità del prodotto, sia facile da leggere e ricordare e sia distinguibile dai concorrenti. Il packaging dovrà invece essere accattivante, dovrà invogliare il consumatore all'acquisto e dovrà avere una descrizione efficace, cosi come per i colori. Se sono servizi, sarà invece la presentazione dello stesso a dovere avere queste caratteristiche. Anche il design del prodotto deve rappresentare lo stile, che lo renda diverso dagli altri appartenenti allo stesso settore. Infine il servizio collegato al prodotto è un'arma di marketing sempre più potente che andrà affiancata al prodotto e non è da dimenticare.

- Prezzo

Come già spiegato nel primo capitolo stabilire il prezzo è uno dei compiti più ardui ai quali occorre far fronte, difficile perché condizionato anche da fattori esterni, non solo interni all'azienda:

° l'andamento della domanda: il mercato che chiede o meno quel prodotto o servizio. E' ad esempio chiaro che il prezzo deve scendere in un momento di recessione della domanda.

° il comportamento delle aziende concorrenti: ovvero, nella stessa posizione di mercato, è necessario che l'azienda adegui i prezzi applicati dalla concorrenza se vuole rimanere competitiva.

La variabile del prezzo è decisiva per la strategia perché influenza il posizionamento competitivo del prodotto/servizio, contribuisce ad attribuire al bene caratteristiche di tipo qualitativo (è un detto comune "il prezzo fa la qualità di un prodotto"), influenza la quota di mercato relativamente al volume di fatturato e il profitto dell'azienda.
Ricordiamoci quindi che il prezzo:

° è una variabile facilmente imitabile dalla concorrenza

° è una variabile di facile manovra ma difficile gestione

° è una leva molto pericolosa, a cui si farà ricorso solo quando non sia possibile attivare altre leve del marketing mix.

Cosa dobbiamo allora tenere in considerazione quando vogliamo determinare il prezzo? Cosa dobbiamo fare?

° Calcolare il BEP (vedi cap. 1)

° Determinare la domanda: stabilire gli effetti del prezzo sulla domanda con sufficiente approssimazione, bisogna cioè capire quanto cambiano le abitudini di acquisto dei consumatori al variare del prezzo.

° Analizzare i prezzi della concorrenza; l'esame deve riguardare sia i prezzi applicati normalmente che in occasioni speciali (promozioni, offerte speciali...)

Una volta fatto questo l'azienda può fissare il prezzo utilizzando il metodo del ricarico, ovvero sommando un ricarico prefissato al costo del prodotto. Oppure con il metodo dei prezzi di mercato: il metodo dei prezzi correnti è molto applicato soprattutto quando il prodotto non può giustificare con la sua sola forza un prezzo variato rispetto alla concorrenza.

Chiarite le metodologie il prezzo va inserito in un'ottica di marketing mix tenendo in considerazione: il prezzo di listino, sconti cassa, sconti quantità, sconti stagionali, sconti promozionali.

- Pubblicità e promozione

Spesso pensiamo che questi due termini significhino la stessa cosa, ma è ben diverso.

La pubblicità è la divulgazione di un messaggio come richiamo d'attenzione dei consumatori sull'attività o su un determinato prodotto/servizio, attraverso l'uso dei mezzi di comunicazione

La promozione è un'attività a breve periodo di vita volta a incentivare l'acquisto di un prodotto o di un servizio.

Andiamo ad analizzarle singolarmente.

- La pubblicità è formata da:

    - Messaggio pubblicitario: la prima cosa fa fare è capire cosa si vuol fare arrivare al target di riferimento, quale aspetto si vuol fare emergere. Per fare ciò teniamo in considerazione delle caratteristiche che il messaggio deve avere, ovvero: attirare l'attenzione del consumatore, mantenere l'interesse, sollecitare il desiderio e indurre all'acquisto.

    - La scelta dei media: esistono varie tipologie di pubblicità che si possono fare in base al livello d'investimento, alla struttura del messaggio, al target di clientela, al raggio d'azione. Vedremo nel campitolo dedicato quali sono questi media e come possiamo sfruttarli al meglio, senza rischiare di commettere errori.

- La promozione ha determinate caratteristiche:

    - Ha obiettivi a breve scadenza rispetto alla pubblicità.

    - Ha termini di incremento delle vendite a risposta immediata, mentre la pubblicità necessita di tempo maggiore.

    - Raggiunge il più alto grado di efficacia se supportata dalla pubblicità.

Non riguarda una attività istituzionale ma un progetto ben definito e non è ripetitiva, un esempio potrebbe essere un bar che quel dato giorno fornirà ai clienti due cocktails al prezzo di uno. Può concernere meccanismi di collezionamento, come ad esempio l'accumulo dei punti di Alitalia con la promozione "Mille Miglia Alitalia". Promozioni con omaggio ai clienti per l'acquisto del prodotto/servizio, concorsi ad estrazione, cancella e vinci, partecipazione ad iniziative benefiche con devoluzione di parte dei ricavi (es. Golia Bianca che aiuta il WWF), raccolte punti, gare e così via.

- Punto vendita

La distribuzione è la modalità con cui il prodotto arriva al consumatore finale e varia secondo le caratteristiche e scelte distributive dell'azienda produttrice. Chiaramente quando parliamo di local marketing, ci stiamo riferendo ad un'attività locale, quindi circoscritta ad un paese o provincia.

Il punto vendita è di solito il negozio, l'azienda dove viene venduto il prodotto o l'esercizio commerciale dove viene somministrato o fornito il servizio.

Spesso questo prodotto/servizio viene venduto al dettaglio e proprio circa questo punto apriremo un capito sul come capire/trattare le persone.

Riassumendo, il marketing mix si impronta su quattro punti fondamentali: il prodotto (bene o servizio che sia), il prezzo, la pubblicità e il punto vendita. Nessuno di questi quattro punti va dimenticato perché rappresentano la base operativa per l'attività di marketing.

4. IL CICLO DI VITA DEL PRODOTTO

Nel modo frenetico in cui oggi viviamo, caratterizzato da forti cambiamenti sia di moda, che tecnologici, istituzionali, di presa di coscienza, e anche temporali, i prodotti e i servizi che offriamo necessariamente invecchiano esattamente come noi.

Anche i nostri prodotti/servizi hanno un ciclo di vita: introduzione, crescita, maturità e declino.

A rigor del vero, la maggior parte ha questo ciclo di vita ma capita che alcuni non abbiano tutte le fasi, ad esempio alcuni prodotti di moda sembrano possedere solo la fase di sviluppo e quella di declino, altri, come i beni essenziali non hanno invece la fase del declino perché mantengono le caratteristiche fondamentali per lunghissimo tempo.

Quindi non dimentichiamo che non esiste una regola per stabilire a priori quanto tempo durerà una fase e che i maggiori profitti li avremo al raggiungimento della fase di maturità.

Va anche ricordato che secondo le statistiche su dieci prodotti o servizi introdotti, solo tre riescono a sopravvivere e di questi solo uno diventa un successo sul mercato.

Vediamo ora le fasi una ad una.

- L'INTRODUZIONE

E' la fase che contraddistingue la nascita di un prodotto e si caratterizza per i bassi volumi di vendita, l'assenza di profitti e gli elevati costi unitari di produzione e distribuzione. Questo accade perché quando un nuovo prodotto viene lanciato sul mercato, il numero di persone disposte a sperimentarlo è molto limitato ed è costituito dagli acquirenti con più alta capacità di spesa e più disponibili alle innovazioni (i così detti pionieri). In questo stadio spesso il prodotto/servizio è in perdita e le azioni pubblicitarie sono volte a farlo conoscere e far conoscere le sue caratteristiche distintive.

A buona ragione prima dell'introduzione esisterebbe anche un'altra fase, cioè la "gestazione" che riguarda proprio la nascita dell'idea, lo sviluppo del concetto del prodotto, l'analisi della fattibilità economica e i test di mercato.

Superato questo si introdurrà il prodotto e occorrerà quindi investire in produzione adeguando gli impianti produttivi in base al fabbisogno, creare una qualità standard, implementare le conoscenze e informazioni e le esperienze che si acquisiscono man mano si produce (implementazione del know-how). Altresì sarà necessario l'investimento in pubblicità per informare i potenziali consumatori della novità e valutare se investire anche in promozione (es. con buoni sconto, campioni omaggi...).

- CRESCITA

La crescita è caratterizzata da un andamento in aumento del tasso di sviluppo delle vendite. La durata di questa fase dipende dalla capacità dell'impresa di esaurire al meglio la situazione sfruttando l'ampia visibilità. Siamo in un momento in cui i profitti sono in ascesa e l'efficienza migliora. Le azioni di pubblicità e promozione devono essere volte alla formazione della preferenza del marchio (non del prodotto o servizio).

Qui l'obiettivo è conquistare quote di mercato per non lasciare spazio alla concorrenza. Il prodotto andrà sostenuto, questa è la fase in cui acquisterà le sue caratteristiche distintive e definitive che conserverà per tutto il suo ciclo di vita. Occorrerà quindi:

° sostenere il prodotto: fare in modo che si consolidi senza cadere in tentazioni di restyling (cioè di miglioramento estetico o d'esposizione aggiungendo altro) rischiando di creare confusione nel consumatore.

° sostenere le vendite: cioè operare affinché il prodotto abbia tutto il necessario per essere venduto, ovvero:

_ operare sulla leva prezzo, che in fase di crescita può essere un sostegno e fare da incentivo ai consumatori che ancora non lo avevano provato in fase lancio.

_ attivare promozioni di riacquisto.

_ sostenere la pubblicità di convincimento: qui è basilare non solo promuovere la vendita ma aumentare la notorietà non appena del prodotto ma anche del marchio, in modo da crearne l'affidabilità.

_ sostenere la qualità del prodotto: dopo la fase di lancio a volte il produttore cala la qualità. Bisogna invece mantenerla garantendo affidabilità.

- MATURITA'

Normalmente è la fase più lunga. E' stazionaria o con lieve decrescita delle vendite che si sono ormai stabilizzate, il mercato è saturo per cui o si innova o non ci sarà ulteriore crescita. Il prodotto crea profitti ma in maniera minore, i prezzi generalmente subiscono variazioni e la comunicazione è rivolta alla creazione di un'immagine per il prodotto essendo ormai conosciute tutte le caratteristiche di questo. In questa fase escono dal mercato i concorrenti più deboli.

Quali sono le attività da porre in essere in questa fase?

° Modificare il prodotto: spesso si tratta di minime modifiche o accorgimenti atti a garantire la fedeltà del consumatore. Piccoli cambiamenti che fanno percepire una costante attenzione dell'azienda verso il compratore e possono riguardare ad esempio le materie prime (migliorandole) o il packaging.

° Mantenere le vendite: pertanto occorre fidelizzare il consumatore facendogli comprendere la necessità del prodotto e l'essenzialità.

° Consolidare l'immagine del prodotto: attraverso una comunicazione dal punto di vista istituzionale dell'azienda, aumentandone il valore agli occhi del consumatore.

° Sfruttare la posizione per lanciare nuovi prodotti o estendere la linea sfruttando il marchio consolidato.

26

- DECLINO

Il declino si caratterizza per una riduzione dei volumi di vendita dovuta essenzialmente al diffondersi sul mercato di prodotti sostitutivi che suscitano l'interesse del consumatore. Durante il declino l'investimento viene ridotto al livello necessario a mantenere i clienti fidelizzati e si sviluppa concorrenza sul prezzo. I gusti dei consumatori cambiano e quindi l'azienda deve essere pronta anch'essa alla svolta.

Conservare un prodotto in declino rappresenta quasi sempre un costo maggiore rispetto alla sua eliminazione dal ciclo produttivo.

Un'azienda marketing oriented dovrebbe quindi:

° diminuire gli investimenti: come detto mantenendoli meramente per i fidelizzati.

° recuperare liquidita: ovvero fare in odo che il prodotto porti all'azienda denaro liquido che possa fungere da "cassa" per iniziative relative ad altri prodotti.

° sostenere altri prodotti: cioè usare tatticamente il prodotto in declino per operazioni sul prezzo, con promozioni.

° rinnovare: a volte è possibile far risorgere dalle ceneri il prodotto con un nuovo modello diverso che ne sfrutti però i know-how.

In questo capitolo abbiamo visto che il prodotto è soggetto a diverse fasi di vita alle quali è collegata una strategia:

- *Introduzione: Investimento e informazione*
- *Crescita: Convincimento all'acquisto e affidabilità del marchio*
- *Maturità: Rivitalizzazione e fidelizzazione*
- *Declino: Disinvestimento e sfruttamento*

5. IL PROCESSO D'ACQUISTO

Un argomento fondamentale nello studio del marketing è il cosiddetto processo d'acquisto. Per capire quel prodotto sarà accettato dal mercato, e quindi quale risulterà profittevole per l'azienda, bisogna conoscere a fondo sia il potenziale acquirente che il suo comportamento d'acquisto.

Per prima cosa bisogna capire a che mercato si rivolge la nostra attività e quindi il target di riferimento. Per identificarlo è necessario individuare i tratti più significativi dei consumatori che formano il mercato che sarà l'obiettivo dei nostri servizi o dei nostri prodotti.

L'individuazione del cliente potenziale è un vero e proprio studio. I consumatori, in base a quando acquistano il prodotto, sono classificati secondo il modello di Everett Roger in:

- Innovatori: coloro che sono alla ricerca costante di qualcosa di nuovo. Sono in grado di adattare l'offerta alle loro specifiche esigenze, avendo competenze sufficienti per far fronte ad eventuali difficoltà d'uso. Sono soggetti che uniscono un atteggiamento prevalentemente emotivo nel processo d'acquisto una decisa propensione per il rischio. Si tratta di benestanti la cui sensibilità al prezzo è minima e rappresentano il 2% della popolazione.

- Pionieri: sono coloro che si dimostrano attenti non tanto al contenuto d'innovazione del prodotto quanto al risvolto pratico del suo utilizzo. Sono più razionali

29

rispetto agli innovatori e meno propensi al rischio. Spesso arrivano psicologicamente ad un blocco che li porta ad enfatizzare tutti gli aspetti negativi dell'offerta e a trascurarne i benefici. Si stima rappresentino circa il 15% della popolazione.

- Maggioranza Anticipatrice: è rappresentata da quei consumatori che rifiutano di sperimentare subito il prodotto e, pur non negandone i benefici a priori, ne usufruiscono solo quando sono veramente convinti che le sue caratteristiche sono state perfezionate ed il prezzo è sceso. Sono piuttosto emotivi ma evitano il rischio. Rappresentano circa il 34% della popolazione.

- Maggioranza ritardataria: segue a breve distanza di tempo la maggioranza anticipatrice. È attenta al prezzo e alle condizioni di pagamento e dà particolare importanza al brand in quanto garanzia della qualità del prodotto. Così come per la maggioranza anticipatrice, anche quella ritardataria rappresenta il 34% della popolazione.

- Ritardatari: sono i consumatori che si avvicinano al nuovo prodotto quando non ci sono più incognite perché esso è stato migliorato ed è del tutto collaudato. Questi danno molta importanza alla marca e alla facilità d'uso ed esigono prezzi molto bassi. Quest'ultima categoria di consumatori rappresenta il 15% della popolazione.

Ciò dimostra che l'attrattività per un nuovo mercato dipende dalla capacità dell'impresa di attrarre i clienti.

L'acquisizione di un bene da parte del consumatore si configura come un processo caratterizzato da cinque momenti:

- consapevolezza: in cui l'individuo è esposto all'innovazione, senza detenere informazioni in proposito;

- interesse: in cui l'individuo dispone di prime informazioni e mostra una attitudine a ricercarne di nuove;

- valutazione: in cui l'individuo applica mentalmente l'innovazione e si prefigura la situazione futura;

- prova (trial), in cui l'individuo sperimenta l'innovazione;

- adozione: in cui l'individuo decide di applicare completamente l'innovazione. Ognuna di queste fasi attiva un parallelo processo decisionale, articolato nei seguenti passaggi: conoscenza, persuasione, decisione, implementazione e conferma.

E ancora, il potenziale consumatore può essere individuato, secondo un modello più recente, sviluppato partendo da quello di Roger; il modello Mahajan e Peterson che vede i consumatori come:

- Soggetti che identificano nell'influenza interna (l'interazione personale) il fattore prioritario per muoversi all'acquisto;

- Soggetti che identificano nell'influenza esterna (i media) il fattore prioritario;

- I modelli misti: sono influenzati dai media ma cercano anche una iterazione personale.

Dopo aver appreso una infarinatura generale, dobbiamo ancora rivolgerci delle domande, soprattutto per quanto riguarda l'approccio di marketing attinente al "local", essendo sul territorio, avendo una gestione più vicina al consumatore dobbiamo chiederci: chi, quando, dove e come compra.

- CHI COMPRA? (WHO)

La prima analisi da fare riguarda le caratteristiche del consumatore tipo, cioè del soggetto che materialmente può usare il prodotto o avvalersi del servizio. Sembrerà strano ma potrebbe non essere l'acquirente diretto. Un esempio è il mercato dei giochi per bambini, dove il soggetto che acquista il bene o il servizio è il genitore, ma il vero consumatore è il bambino.

Per individuare il consumatore del nostro prodotto dobbiamo chiederci quale sia:

- La fascia anagrafica: il target di età al quale il nostro prodotto o servizio si rivolge. Quale è l'età della clientela che attiriamo con il nostro servizio o bene, o addirittura con l'immagine del nostro locale.

- La scolarizzazione: il livello di scolarizzazione diventa particolarmente importante se si vogliono adottare strategie di comunicazione coerenti con il target.

Occorrerà usare un linguaggio adeguato in base al livello culturale e strumenti adeguati in base alla vita che svolge quella persona.

- La situazione economica: a quale fascia di reddito appartengono i consumatori? Questo aiuta ad individuare il prezzo. La situazione economica di un individuo è misurabile dalla predisposizione o meno al risparmio, dal rapporto spese/guadagno o dalla diversificazione degli investimenti.

- L'occupazione: da qui possono nascere spunti interessanti per iniziative di direct marketing.

- L'area geografica: dobbiamo capire da dove possono provenire gli acquirenti. A questo punto eviteremo d'investire inutilmente in aree più ampie, ad esempio dispendiose campagne pubblicitarie regionali quando sappiamo che la nostra zona di interesse è circoscritta.

- I consumi: è importantissimo sapere cosa consuma prevalentemente il target di riferimento, poiché da questi dati si può cogliere la scala di valori degli acquisti. Ma si può anche capire quanto questi vadano in base alla "moda" oppure se si riesca a fidelizzare.

- QUANDO COMPRA? (WHEN)

Si deve comprendere quando il consumatore fa gli acquisti o quando ne fa di più. Si terrà in considerazione la stagionalità dei prodotti (ad esempio il gelato che viene venduto prevalentemente d'estate). I picchi di consumo, se ad esempio abbiamo a che fare con prodotti che esauriscono il loro appeal in poche settimane, come i panettoni. Nel momento in cui capiamo "quando" viene acquistato il nostro prodotto sappiamo anche come programmare la produzione, i pagamenti e la comunicazione (che come vedremo poi varia a seconda dei momenti).

- DOVE COMPRA? (WHERE)

Sappiamo quanto sia importante la leva del marketing mix rappresentata dal punto vendita. Quindi, studiare le abitudini di acquisto del target di riferimento, consente di indirizzare al meglio le scelte distribuire e la comunicazione.

Un altro aspetto è dove viene presa la decisione di acquistare, infatti l'acquisto potrebbe essere d'impulso, sollecitato dal luogo dove si trova, dalle immagini visive e aiutato dal venditore, oppure ponderato, cioè determinato da una decisione a monte, in quanto il prodotto ad esempio ha un valore economico alto.

- PERCHE' COMPRA? (WHY)

La motivazione dell'acquisto del bene/servizio va ricercata e compresa, tale può basarsi su sei punti:

- Inedito

L'attrattività è rappresentata dal fatto che il prodotto si presenti sul mercato come l'ultimo ritrovato. Non per forza nel campo tecnologico, ma anche come moda, come alimento, come divertimento ecc... L'offerta si basa proprio nel dare delle nuove emozioni e sensazioni.

- Lucro (avidità, guadagno)

Il sentimento di acquistare perché si sta soddisfacendo la certezza di fare un buon affare e di avere acquistato al miglior prezzo.

- Comodità (benessere, conforto)

E' la spinta al consumatore per l'acquisto di beni che gli semplifichino la vita, che facciano risparmiare fatica o che siano adatti a più usi.

- Affettività (simpatia)

L'acquirente desidera avere un prodotto/servizio che faccia fare bella figura, che non gratifichi solo lui ma anche altre persone della famiglia.

Un altro aspetto invece è dato dalla simpatia e gradevolezza del negoziante che trasforma il momento dell'acquisto in un momento sociale.

- Sicurezza

L'azienda deve puntare la sua attenzione su messaggi rassicuranti che comunichino attenzione verso il compratore, protezione e serietà. L'acquirente deve essere "tranquillo" nell'acquisto.

- Orgoglio (distinzione)

La spinta all'acquisto è la voglia di emergere, di sentirsi diversi rispetto alla moltitudine degli individui. Quindi il prodotto è rappresentato come un veicolo di distinzione.

A questo punto l'azienda deve ricercare le motivazioni prevalenti che spingono il target di riferimento all'acquisto del suo prodotto. A tal fine deve tenere in considerazione che per lo stesso prodotto i motivi d'acquisto possono essere diversi da persona a persona e che possono mutare, nello stesso individuo, secondo i momenti e le circostanze.

Importante è ricordarsi che:

A) E' di primaria importanza definire il target della clientela cioè capire il profilo del nostro acquirente tipo.

B) Un'azienda non vende solo il prodotto in sé ma anche l'idea che se ne fa il cliente.

6. COME TRATTARE LE PERSONE

Nel capitolo 3, avevamo parlato del punto vendita e della vendita svolta direttamente al cliente, ed avevamo aggiunto che avremmo ripreso questo punto.

Riguardo al "come trattare gli altri" sono stati fatti molti studi e scritti tanti libri, non ho la presunzione di saperlo fare ma, alcuni accorgimenti, in questo libro che tratta di marketing e comunicazione li posso offrire.

All'interno di un punto vendita, un attività di somministrazione oppure in attività professionali, spesso ci si trova ad avere a che fare con tante persone, spesso si chiacchiera del più e del meno esprimendo anche pareri.

Il primo consiglio, che vale per chiunque è:

Non criticate

Non lamentatevi

Non condannate

Invece di lamentarvi dell'operato della gente, cercate piuttosto di capirla. Cercate di immaginare perché una persona fa quello che fa. E' molto più utile e interessante del criticare, senza contare che genera simpatia, tolleranza e gentilezza. Abolite anche i pettegolezzi.

"Chi tutto sa, tutto perdona" è un modo anche d'essere al di sopra. Poi chiaro che avremo le nostre idee.

Qual è il desiderio più forte nella natura umana? Semplice, è quello di sentirsi importanti. A tutti fanno piacere i complimenti, perché una delle caratteristiche della natura umana è quella di perseguire infaticabilmente l'apprezzamento altrui. E' questo desiderio che induce a vestirsi alla moda, a comperare l'ultimo modello di auto o a magnificare le gesta del proprio pargolo. Idem avviene dal punto di vista negativo, come la formazione di bande da parte dei giovani.

Incoraggiare. Incentivare i collaboratori e non trovare i difetti, anche se dentro magari sapete dell'errore che hanno commesso. Non c'è nulla che deprima una persona più delle critiche di un superiore gerarchico.

Attenzione però. L'apprezzamento per una persona è una cosa, l'adulazione è un'altra. L'apprezzamento è sincero, l'adulazione è falsa. Il primo è utile, la seconda è dannosa. La lusinga serve a poco con le persone di buon senso. E' superficiale, falsa ed inefficace. E' una lode da quattro soldi, consiste nel dire ad un'altra persona esattamente quello che lei pensa di se stessa.

Siate invece prodighi di calore nell'approvare l'operato altrui, di lodi meritate e la persona farà tesoro delle vostre parole e le ricorderà.

Il consiglio è:

Siate prodighi di apprezzamenti onesti e sinceri

Spesso le persone parlano di ciò che desiderano. Ognuno ha interesse per ciò che desidera anche se agli altri non importa nulla. Il miglior consiglio, per chi nel lavoro deve persuadere il prossimo è di saper ridestare appassionati desideri. Come diceva Henry Ford "Se esiste un segreto del successo, sta tutto nel riuscire a vedere dal punto di vista dell'altra persona, a uniformarsi all'angolo di visuale altrui".

La possibilità di esprimersi è fondamentale per la natura umana, perché non applicare questo al mondo del lavoro? Se si ha un'idea, invece di costringere gli altri ad accettarla, perché non facciamo in modo che venga anche da loro? Destiamo l'interesse e accendiamone il desiderio.

In poche parole occorre:

Suscitare negli altri la vostra stessa volontà

In un mondo che si basa sull'egoismo, l'attenzione verso l'altra persona viene premiata. Pochi ascoltano, i più parlano cercando di far passare il proprio concetto, di affermare la propria importanza. Un famoso poeta romano, Publilio Sirio affermava "ci interessiamo degli altri solo quando loro si interessano di noi". Ovviamente la manifestazione d'interesse deve essere sincera, deve appagare non solo la persona che dimostra interesse, ma anche quella destinataria del messaggio.

Seve:

Interessarsi sinceramente alle persone

Quando incontriamo una persona, la cosa che salta subito all'occhio, ancora prima dell'abbigliamento è il viso. L'affabilità, il fascino, la personalità traspaiono dallo sguardo, dalle espressioni e soprattutto dal sorriso.

Se volete che la gente sia contenta di stare con voi, bisogna anche che voi dimostriate che siete contenti di trovarvi in loro compagnia. Attenzione anche qui però, perché il rischio è quello di cadere in quei sorrisi falsi, "tirati", che spesso si vedono sul volto di alcuni commessi e che raggiungono esattamente il risultato opposto.

Se non viene da sorridere cosa bisogna fare? Secondo uno psicologo di fama, mentre a noi sembra che l'azione segua lo stato d'animo, in realtà l'azione e lo stato d'animo sono contemporanei. Quindi controllando l'azione, che dipende dalla nostra volontà, si può controllare lo stato d'animo che invece è involontario. Così, per raggiungere il buon umore e sorridere, basta indurlo. Cercate se siete soli di fischiettare o canticchiare qualche motivo, agite come se foste felici e questo, vi porterà ad esserlo davvero.

"Non c'è niente di buono o di cattivo in sé" diceva Shakespeare "è il pensiero che rende le cose buone o cattive". Anche Lincoln affermava che "molta gente è felice perché vuole esserlo". E' quindi una condizione imposta e che fa bene, allontana la negatività e induce al nostro agognato vero sorriso.

Quindi ricordate di

Sorridere

Una delle cose più importanti per le persone è il loro nome. Franklin Roosevelt era un mago nel ricordare i nomi, cosi come Napoleone III imperatore di Francia.

Parlare ad una persona riconoscendola, facendole sapere che si conosce il suo nome, indica attenzione alla persona stessa. Il ricevente, avrà la sensazione di importanza. E' un esercizio di memorizzazione. Associate il nome al lavoro o alla conclusione dell'affare precedente e vedrete che ci riuscirete.

Ricordate i nomi

Abbiamo detto precedentemente che le persone hanno degli interessi e vogliono parlarne, non importa loro dei vostri, ma dei loro. Quello che occorre fare è ascoltare, non parlare ma essere interessati all'argomento, trovare anche per noi degli spunti che possano far capire all'interlocutore che capiamo (ma dobbiamo capire davvero non solo annuire!). Spesso la gente che incontriamo si sente superiore a noi in qualcosa, un modo sicuro per riscuotere l'attenzione dell'altra persona è riconoscere questa pretesa di superiorità. Il filosofo Ralph Emerson diceva "Ogni uomo che incontro mi è in qualche modo superiore: da lui imparo sempre qualcosa".

Cercare di parlare, non dei propri interessi ma di quelli della persona che abbiamo di fronte.

Bisogna essere dei buoni ascoltatori
e parlare di ciò che interessa agli altri

In poche pagine abbiamo ripassato dei punti cardine per la nostra attività. Sicuramente argomenti di cui eravate già consci, ma leggerli vi aiuterà a farli rimanere impressi nella mente. E indovino? Avete già provato a fischiettare per cambiare il vostro umore.

7. COMUNICAZIONE

Lo psicologo Paul Watzlawick negli anni settanta affermò "non si può non comunicare" questo perché tutto attorno a noi è comunicazione; la musica che ascoltiamo comunica sensazioni ed idee, le scritte sui muri, i libri, i cartelloni che annunciano l'arrivo di un treno... tutto comunica e i nostri sensi sono allertati e abituati a vedere e sentire tutta questa comunicazione che quasi la percepiscono come una cosa normale. Tutti gli eventi e fenomeni comunicativi hanno un doppio livello: per un verso sono dei fatti fisici, materiali, che cadono sotto la nostra percezione (voce, scrittura, immagini visive), per un altro tutti questi non valgono di per se, ma in quanto sono portatori di un ulteriore livello che è quello del significato che veicolano e che verrà sottoposto al processo dell'interpretazione della persona. Quindi, ad esempio lo spot che sentite alla radio lo percepite con l'udito ovviamente, ma mentre lo ascoltate la vostra mente interpreta quello che sentite e immagazzina l'informazione.

Alla fine degli anni quaranta, due ricercatori americani Claude Shannon e Warren Weaver, in un loro libro definiscono la comunicazione come un "processo di influenza, il quale comprende tutti i procedimenti che permettono ad un certo dispositivo di entrare in rapporto con un altro dispositivo". Ecco quindi che ancora, la comunicazione è vista come un influenzare, spostare, indottrinare.

Secondo un altro tipo di modello ciò che è necessario tenere in considerazione nella comunicazione, parlando dei media, è che

questa spesso avviene tramite un testo la cui formazione genera
ciò la persona interpreterà.

Torniamo ora alla nostra impresa. Abbiamo capito cosa è la
comunicazione e appreso come creare un rapporto con una
persona o semplicemente con un cliente. Ora vediamo invece
cosa è la politica di comunicazione all'interno della nostra
attività.

- Comunicazione commerciale

Con il termine "politica di comunicazione" s'intende far
riferimento alla combinazione integrata, sinergica e coerente dei
diversi strumenti di comunicazione utilizzabili dall'impresa per
gestire le relazioni con il mercato dei consumatori. Si tratta
dell'area della comunicazione aziendale, che comprende in
realtà oltre alla comunicazione commerciale anche quella
istituzionale, gestionale, organizzativa ed economico finanziaria.
Le motivazioni che hanno portato la comunicazione
commerciale a livelli elevati di specializzazione tanto operativa
quanto teorica sono facilmente riassumibili. Anzitutto bisogna
ricordare che, in questo libro stiamo valutando il marketing e la
comunicazione da parte di un'azienda e che quindi l'attività è
rivolta soprattutto verso il cliente e non verso il mercato di
capitali, risorse umane o approvvigionamenti.
Il rivolgersi al mercato del consumo riguarda i rapporti con il
consumatore e il sostenibile e duraturo vantaggio concorrenziale,

teoria che venne aggiornata quando Edward Chamberlin sostenne la possibilità per le imprese, di ottenere un vantaggio di natura monopolistica, agendo sulle spese di vendita, e in particolare sulla pubblicità. Se quindi, la pubblicità e più in generale, la comunicazione commerciale, è elemento fondamentale di costituzione di un vantaggio competitivo, è naturale che le impese abbiano investito su questa variabile. Va inoltre ricordato che il concetto di comunicazione non trova limitazioni per tipologia di prodotto e/o mercato di riferimento. Tutto può essere comunicato.

- Il mix della comunicazione

Gli strumenti per la comunicazione dell'impresa possono essere: vendita personale, pubbliche relazioni, direct marketing, promozione e pubblicità. Andiamo ad analizzarli uno ad uno.

- La vendita personale

Si tratta di uno strumento di comunicazione più utilizzato nella vendita dei beni industriali e di molti servizi, e consiste nella trasmissione dei messaggi attraverso l'azione diretta dei venditori, dei rappresentanti, dei tecnici o consulenti: è una presentazione diretta, a voce, fatta da persone a potenziali acquirenti. La vendita personale ha la caratteristica, rispetto agli altri strumenti di consentire un'iterazione diretta, e quindi molto più efficace tra venditore e cliente; si tratta di uno strumento flessibile che può essere adattato alle situazioni specifiche, ovvero alle singole richieste dell'interlocutore. Possiede tuttavia, lo svantaggio del costo elevato che è anche il motivo per il quale vi si ricorre in modo particolare quando i prodotti sono complessi e richiedono la presentazione da parte di esperti o quando il potenziale compratore non è bene informato sulle caratteristiche dei prodotti o servizi offerti dall'impresa, è incerto o non ha definito con precisione le proprie esigenze. Di fondamentale importanza nel personal selling è la credibilità della fonte, che dipende a sua volta dall'esperienza del venditore e dall'immagine dell'impresa che egli rappresenta.

- Le pubbliche relazioni

Esse consistono in quell'attività organizzata al fine di promuovere un clima favorevole all'impresa nell'ambiente costituito dai clienti, dai dipendenti e dalla collettività. Mantenere buone relazioni con costoro significa aumentare le possibilità di successo dell'impresa. Le PR che immaginiamo dal mero punto di vista commerciale, riguardano la propaganda, cioè quell'attività di stimolo alla diffusione (in apparenza) gratuita, di notizie favorevoli riguardanti l'impresa o i suoi prodotti. L'elevata efficacia che si attribuisce alla propaganda deriva sostanzialmente dalla maggiore credibilità del messaggio che proviene, non dall'azienda interessata, ma da fonti esterne talvolta dotate di elevata competenza. Nella propaganda infatti, si ha l'intervento di una terza parte (giornalistica, responsabile di una trasmissione televisiva o radiofonica, opinion leader) che decide se comunicare il messaggio, quando e in che modo.

Le principali forme di relazioni con i media sono i comunicati stampa e gli articoli redazionali. Entrambi sono utili in caso di lancio di nuovi prodotti o attività. Anche le sponsorizzazioni rientrano nelle pubbliche relazioni, con queste si cerca di trasferire l'interesse e l'attenzione dell'opinione pubblica verso l'evento sponsorizzato, nel tentativo di trasferire in parte tali sentimenti verso l'impresa o il suo prodotto. I "pr" della discoteca, cioè coloro che mettono in relazione il prodotto (la serata) con i clienti cercando di attrarli, creano pubbliche relazioni.

- Il direct marketing

Consiste in una comunicazione diretta e personalizzata. In realtà non è solo uno strumento di comunicazione, non è una cosa statica e immutabile ma è un processo volto a conquistare un obiettivo di marketing.

Il direct marketing non si prefigge di realizzare solo una vendita, ma di costruire una fruttuosa relazione con il cliente. E' un sistema di marketing nel quale l'impresa stabilisce relazioni dirette e durature con il consumatore attuando una comunicazione dinamica, continuativa e interattiva.

Attraverso l'utilizzo sinergico di più mezzi, veicoli di comunicazione si persegue lo scopo di interagire con il mercato in modo diretto e personale, sino a raggiungere il singolo cliente.

Il marketing diretto si rivolge all'individuo, al singolo, è infatti una comunicazione "one to one".

La forma più classica? E' quella che applicano venditore/titolare del punto vendita che si interfacciano direttamente con il cliente, a volte in negozio, ora a volte tramite i social network che hanno mandato in pensione lettere e mailing list. Ne direct marketing continuano ad essere mantenute anche le attività di telemarketing e i coupon.

- La promozione alle vendite

Ne abbiamo accennato nel capitolo del marketing e la ritroveremo anche più avanti. E' costituita da un insieme molto ampio di iniziative che si traducono nella temporanea offerta di un vantaggio economico. La promozione che viene svolta a favore dell'acquirente finale, viene realizzata generalmente dal dettagliante o dal produttore ed è particolarmente adatta per ricordare il prodotto e favorirne l'identificazione all'interno dell'assortimento del punto vendita da parte del potenziale acquirente: campioni, offerte speciali di prezzo, premi nel package, sono solo alcuni noti esempi di questa attività.

La promozione delle vendite, rispetto alle altre forme di comunicazione, si caratterizza per la capacità di associare alla comunicazione di un messaggio anche una notevole spinta all'azione tramite la concessione di un beneficio specifico.

A differenza della pubblicità, delle vendite personali e delle pubbliche relazioni, la promozione alle vendite non deve essere utilizzata in modo continuativo, ma deve rappresentare un fatto eccezionale per non svilire il valore dell'impresa. Raggiunge il suo più alto livello quando è affiancata dalla pubblicità.

Diversi fattori hanno contribuito a far accrescere la promozione; uno è l'incremento del numero dei punti vendita presenti sul mercato con la conseguente maggiore concorrenza tra prodotti e servizi offerti, l'altro è l'impatto d tale forma di comunicazione nel punto vendita, infatti mentre la pubblicità raggiunge il potenziale acquirente in altri luoghi, la promozione alle vendite è disponibile nel punto vendita che informa, stimola e ricorda.

- La pubblicità

Ne abbiamo già accennato nel capitolo del "marketing mix". E' indubbiamente lo strumento più noto e utilizzato dalle imprese sia produttrici di beni che servizi. E ne parleremo nel prossimo capitolo dedicato.

In conclusione

E' impossibile non comunicare, volenti o nolenti lo si fa. Perfino non "pubblicizzando" si comunica qualcosa. Le tipologie di comunicazione sono varie e una buona impresa le utilizza tutte, miscelandole, creando un mix perfetto per la sua attività.

8. LA PUBBLICITA'

"La pubblicità è l'anima del commercio" quante volte abbiamo sentito questa frase? Fu detta da Henry Ford nell'ottocento, eppure è ancora vera, anzi con il passare del tempo è divenuta sempre più importante sia dal punto di vista economico che sociale.

Per quanto concerne la sua definizione, si può affermare che la pubblicità è una forma di comunicazione commerciale a pagamento realizzata attraverso mezzi di massa come giornali, riviste, radio, televisione, cinema, affissioni ed internet, attraverso la quale l'impresa presenta la propria offerta al mercato o ad un particolare target. Si tratta di uno strumento di comunicazione che permette di raggiungere un elevato numero di persone per informarle, convincerle o anche semplicemente per ricordare loro le offerte dell'azienda o l'azienda stessa, aumentandone la visibilità e l'importanza.

La pubblicità può avere per oggetto un singolo prodotto, una linea di prodotti, una marca (ovvero un'azienda nel suo complesso).

Dal punto di vista operativo i principali aspetti che occorre considerare nella realizzazione di una campagna pubblicitaria e che in questa sede ci limitiamo a citare sono:

_ gli obiettivi che si intendono raggiungere presso un definito target di pubblico. Tali obiettivi possono essere di carattere generale (informare il pubblico) oppure possono essere specifici (riposizionare l'immagine, comunicare un cambiamento nella politica dei prezzi).

_ la somma da stanziare: la logica dovrebbe essere quella che vede la definizione dello stanziamento in funzione degli obiettivi e alla tipologia della comunicazione.

_ la scelta del messaggio: dopo aver definito il target, obiettivi e risorse destinabili alla campagna pubblicitaria, occorre stabilire a quali emozioni e a quali aspetti razionali fare appello. La realizzazione concreta del messaggio viene denominata strategia creativa e di norma, soprattutto nel local, l'imprenditore viene supportato direttamente dall'organismo deputato a svolgere la pubblicità.

_ la copertura: ovvero dove intendiamo rivolgere la pubblicità, in base al nostro target.

• La copertura del territorio

Un punto importante e che sottolineeremo riguarda la copertura del territorio.
Ciascun mezzo pubblicitario ha le sue caratteristiche di costo, selettività, target e copertura che poi andremo ad analizzare. Uno degli errori più grandi che si possono fare in termini di investimento pubblicitario è sbagliare la copertura. Sembra basilare, ma in realtà tante aziende, per la smania di

voler apparire da qualche parte commettono questo errore. Attenzione, apparire non vuol dire sempre avere una reazione da parte dell'interlocutore come pensiamo, se viene sbagliata la copertura, rischiamo di investire e passare totalmente inosservati con il risultato d'aver speso denaro nel nulla.

In questo scritto, ci rivolgiamo alle aziende locali, che quindi rivolgono il proprio prodotto ad un target di clientela che non è né nazionale, né tanto meno regionale, ma della zona (più o meno ampia) ove hanno sede.

Ecco che il primo quesito che è necessario porsi: la mia attività dove "pesca" la clientela? Regionale? Provinciale? Una zona della provincia definita? Solo nel mio paese? Attenzione, la possibilità d'espansione chiaro, c'è sempre, ma facciamo degli esempi pratici:

A) Tizio ha una pizzeria d'asporto.

Quale sarà il raggio d'azione della sua attività? Il paese di appartenenza indubbiamente e forse due paesi appena confinanti. Già addentrandoci nei paesi vicini, la possibilità di vendita calerà, perché il consumatore avrà più strada da fare per andare ad acquistare il prodotto e arrivando a casa più tardi la pizza sarà fredda e calerà la qualità. In che zona Tizio dovrà puntare per la pubblicità? Chiaramente nel suo Comune o poco più in là. Questo significa che pubblicizzare oltre avrebbe solo un cospicuo costo e nulla di più.

B) Caio ha una pizzeria con posti a sedere.

Da dove arriverà la sua clientela? Dal Comune della sede, indubbiamente, ma ci saranno anche clienti che potrebbero arrivare da altri Comuni ad esempio essendo venuti a sapere che la pizza di Caio è molto buona, fatta con ingredienti di qualità e con impasti particolari. La qualità del prodotto può indurre il consumatore a spostarsi e potendo stare nei paraggi, per la tipologia di merce, non avrà difficoltà a farlo. Vediamo però dove ha posizionato la sua attività Caio, perché in base a quello avremo un'altra considerazione da fare.

b1) Che tipo di pubblicità dovrà fare Caio se avesse una pizzeria in città?

Indubbiamente in città ma anche dai paesi della provincia limitrofi, in quanto il fine settimana i consumatori potrebbero essere attratti da una passeggiata in città e dai locali. Chiaramente sarebbe inutile sconfinare in una città limitrofa, ma nei paesi del circondario della provincia dovrebbe essere effettuata.

b2) Che tipo di pubblicità farà Caio se avesse una pizzeria in un paese turistico?

Chiaramente nel paese, nei paesi della zona dove la gente si sposta per uscire il fine settimana. Quindi coprirà tutta la sua zona turistica, più la zona del circondario.

b3) Che tipo di pubblicità farà Caio se avesse una pizzeria in un paese residenziale?

Nel paese residenziale occorrerà una pubblicità locale per tutti i giorni, mentre per attrarre la clientela per il fine settimana anche da altri paesi, dovrà uscire e coprire il circondario di paesi. Se il paese non è alle porte della città, significa che è in provincia ma in una zona definita e dovrà coprire quella.

Una volta identificato dove è attiva ora la nostra azienda e quale è la zona di copertura possiamo iniziare a muoverci, iniziare a vedere quali sono i Media che possono soddisfare le nostre aspettative per il nostro investimento. Prima di scegliere però dovremo porci ancora delle domande.

- Quale è il nostro target?

Sappiamo la zona, ma quale è il target della nostra clientela? Bambini, famiglie, adolescenti, giovani, adulti, maturi, anziani?
I Media vanno scelti anche in base all'età, non tutti funzionano con tutto il range della popolazione. Avremo delle fasce specifiche o più ampie?
Per aiutarci dobbiamo individuare anche la fascia di reddito alla quale la nostra attività si rivolge. Un locale esclusivo non avrà lo stesso target di un locale più "alla mano". Un locale improntato sulle famiglie difficilmente riuscirà ad attrarre giovani, se non facendo delle serate particolari, potrebbe invece essere invitante per persone mature. Un bar confinante con una casa di riposo, difficilmente attrarrà bambini, ma soprattutto anziani.

E così, sarà arduo indentificare una persona anziana che usa il cellulare o il computer, piuttosto si informerà tramite giornali (e non sempre a pagamento, anzi...), radio e tv. Scendendo d'età oltre ai media classici sceglierà facebook. Allo stesso modo un ragazzino sarà sempre incollato al telefono ma per guardare cosa? Instagram o forse addirittura Tik Tok, difficile che veda facebook o siti internet.

Insomma anche la media dell'età può fare una grandissima differenza per la scelta del nostro mix di Media.

E si badi bene che la scritta è mix. Si, in quanto puntare solo su uno è limitativo e vedremo anche il perché.

Non spaventatevi, l'imprenditore conosce la sua zona e il suo punto vendita, sa chi sono i suoi clienti, conosce le sue strategie di vendita e soprattutto sa identificare i suoi prodotti.

- Che tipo di strumenti utilizzare?

Abbiamo parlato dei Media, che si dividono in due categorie: i Media evoluti e i Web Media. Oggi è necessario un mix calibrando nel modo migliore, in base a zona e target la pubblicità. Investire tanto non vuol dire per forza farlo bene, investire poco può portare all'immobilismo e al mancato sviluppo. La comunicazione è fondamentale, bisogna investire bene.

Nel prossimi capitoli impareremo quali sono i Media e le loro caratteristiche per investire al meglio.

La pubblicità è la figlia diretta della comunicazione. E'viva, attiva e in continua evoluzione.

E' fin troppo sviluppata e quindi è l'imprenditore che deve comprendere come, quanto e dove investire, basandosi sul territorio di vendita e sul target di clientela.

9. MEDIA EVOLUTI

Con mezzi di comunicazione di massa, i così detti "Media", ci si riferisce a televisioni, radio, giornali, riviste, affissioni. I così detti classici strumenti di propaganda.

Non ci metteremo a spiegare la storia di questi, perché in effetti sappiamo di cosa si tratti. Spesso però, chi ci vuole "vendere" i new media (internet e social) cerca di denigrarli. In realtà nel 2019 il fatturato delle tv italiane era in crescita con 9 miliardi di euro, gli ascolti giornalieri delle radio si attestavano attorno ai 44 milioni di utenti, il che testimonia secondo l'indagine Radio Ter (Tavolo editori radio), l'ottimo stato di salute del sistema radiofonico italiano.

Il motivo del buon stato di salute è presto spiegato, le fasce più giovani della popolazione tendono a privilegiare internet e social, ma con l'avanzare dell'età e la minore quantità di tempo disponibile dovuta al lavoro abbandonano lo "scaricare" e trovano più pratico il mezzo classico, dall'altra parte la popolazione adulta utilizza i social ma in maniera meno costante. Ecco perché il sistema televisivo e radiofonico non risente della crisi del web, anzi, la cavalca creando servizi aggiuntivi, espandendosi e infiltrandosi in internet con servizi web e social, per avere un ritorno d'immagine e attrarre maggiormente l'utenza.

Chi non se la cava bene invece sono i giornali a pagamento, in scivolata libera. Attaccati sia dalle testate giornalistiche web, sia dai giornali gratuiti territoriali non hanno retto il colpo e nonostante la voglia di riscatto, con dematerializzazione e creazione di testate online, segnano una forte decrescita di vendite.

Sarebbe però un errore parlare di Media Classici oggi sono divenuti Media evoluti.

Come abbiamo già detto la scelta dei mezzi di comunicazione dove investire è molto importante, tenendo in considerazione il territorio, il target e anche l'offerta dei Media locali presenti sulla vostra zona di interesse. Andiamo nel dettagli per vedere cosa può offrire ciascun mezzo pubblicitario.

- Televisione

Per televisione si intende sia quella locale che quella regionale e nazionale. Gli spot televisivi hanno un costo elevato nonostante la brevità del messaggio. L'uso ottimale è dato da un numero di passaggi che permettano di coinvolgere il consumatore. L'attrazione è data dalle immagini oltre che dal testo pubblicizzato.

Gli spot televisivi conferiscono all'immagine una forte peculiarità.

Parlando del locale, spesso gli spot hanno toni di voce non coinvolgenti, con forti inflessioni dialettali in quanto la televisione punta proprio più sul video, sull'immagine tralasciando questi dettagli.

Ricordiamoci che la televisione (in particolar modo quella locale) è maggiormente vista a determinati orari e soprattutto nei momenti di informazione.

° Quanti farne? In base al budget, sicuramente vicino alle informazioni (telegiornali o rubriche di sport).

° Dove? Dipende dal target del territorio che abbiamo analizzato prima. La televisione locale, che copra il proprio Comune e limitrofi, indubbiamente sarà molto meno dispendiosa di una provinciale o una proibitiva regionale.

° Quando usarla? La tv può essere utilizzata sia per un messaggio istituzionale, che faccia conoscere il nome dell'azienda, sia per una promozione. Spesso, a causa dei forti costi è utilizzata per promuovere un'iniziativa o un prodotto specifico per un breve periodo.

- Affissioni

Prevedevano che il messaggio pubblicitario fosse riprodotto su pannelli di varie dimensioni posizionati su strade o parcheggi pubblici. Di norma i luoghi ove posizionare i cartelli erano determinati dai Comuni che non identificavano sempre un'area commercialmente più interessante, e lasciano perennemente strutture di supporto obsolete. Al momento dell'attacchinaggio, le aziende di posizionamento, vincitrici dell'appalto del Comune, molte volte, non sanno indicare al cliente dove verrà affisso il manifesto. Il risultato è che spesso il cartellone è affisso sul retro del pannello o sullo stesso pannello trovano spazio anche più manifesti lasciando scoperto delle aree. La visibilità di questo tipo di manifesti è per lo più per i passanti a piedi o comunque per mezzi parcheggiati e non in movimento vista la grandezza dei caratteri. Le dimensioni dei manifesti sono medio/piccole.

° Per quanto tempo affiggere? Il minimo sono due settimane, ricordiamoci che essendo fisso e visivo dopo una primo acchito l'attrazione scende

° Dove? Normalmente sono svolte nel Comune di appartenenza e appena limitrofi all'attività

° Quando usarla? Promozione di un evento o prodotto.

Attualmente per quanto riguarda i manifesti, si sta sviluppando sempre più la comunicazione mobile svolta attraverso camion vela di diverse dimensioni. I mezzi vengono posizionati in luoghi molto visibili per un massimo di 48 ore poi spostati dall'autista. Oppure possono essere fatti circolare tutto il giorno con l'autista, ma in questo caso i costi possono quintuplicare.

La visibilità è molto ampia, le immagini vista la dimensione possono essere creative per attrarre l'attenzione. Le scritte sulla pubblicità invece saranno poche e mirate, dato che la visione del mezzo d'esposizione, anche se fermo, è fatta per lo più in movimento dai potenziali consumatori.

° Quando usarla? Possono essere usati per promuovere un evento particolare dell'azienda o una promozione dell'attività.

° Per quanto tempo affiggere? L'affissione su camion vela è come minimo settimanale. Per raggiungere il risultato occorrono almeno due settimane.

Il costo è medio, può calare con esposizioni più lunghe.

- Carta stampata

Parliamo di carta stampata perché in effetti non esiste un solo modello. L'editoria è sviluppata con diversi format e scadenze, a fianco di questa esponiamo anche la distribuzione dei volantini.

- Volantinaggio:

_ Porta a porta: negli ultimi anni ha subito una contrazione dovuta anche da ordinanze Comunali che ne limitano la possibilità a determinati giorni. E' svolto soprattutto per promuovere prodotti di supermercati (detersivi, tecnologia, alimentari).

_ Sul luogo: Vietato sulle autovetture. Svolto a volte nei mercati, consegnando alla persona il volantino.

I costi sono sia di stampa che di distribuzione e sono medi. Il pericolo è la poca serietà che spesso accompagna la distribuzione, dovuta all'esigua paga del soggetto distribuente. E' capitato più volte di trovare più volantini nella stessa cassetta della posta, oppure gettati in un cassonetto. In questo caso la pubblicità è nulla.

° Quanto farne? per promuovere un evento, in una giornata di qualche giorno antecedente allo stesso.

° Dove? Nel luogo dove avviene l'evento.

- Giornale quotidiano:

I quotidiani rappresentano la carta stampata che più ha subito flessione. Vuoi per il costo giornaliero di chi li acquista, vuoi per la presenza di notizie (spesso dello stesso quotidiano) sul web. Esistono diversi tipi di quotidiani, pensiamo ai nazionali di settore, come il Sole 24 ore oppure che informino con notizie generali come quelli provinciali.

Bisogna considerare che la pubblicità qui svolta dura un giorno, quindi il potenziale acquirente deve comprare il quotidiano e individuarla. Il costo d'inserimento per più giornate diventa cospicuo. Quindi è bene utilizzarli per un diverso scopo, che non è quello della pubblicità intesa come immagine, ma come testo, attraverso un articolo che possa dare immagine all'impresa, magari ripreso poi nei diversi modi dall'azienda stessa che autopromuoverà la sua immagine grazie all'articolo (vedremo poi in che modo). Il redazionale deve essere ben costruito e invogliare alla lettura, non un "papiro" ma ben strutturato: come presentazione o intervista. Non deve risultare come una pubblicità ma meramente come un articolo scritto da un giornalista. Se ben fatto, rappresenta una forma di pubblicità che esalta istituzionalmente e dà importanza all'azienda.

° Quanti farne? L'articolo non deve essere pedante e ripetitivo o darà un senso di pubblicità mentre deve essere come una "scoperta del giornale".

° Dove? Il quotidiano di norma ha una distribuzione come minimo provinciale.

Il costo è medio alto, tenuto in considerazione che si tratta di un solo articolo che "dura" un solo giorno.

- Rivista periodica

I periodici sono quei giornali che vengono distribuiti a cadenza settimanale, mensile, semestrale o annuale. Normalmente i semestrali e gli annuali sono di settore o riguardano uno specifico argomento.

Al di là delle riviste nazionali che troviamo in edicola, c'è stata negli ultimi anni una implementazione delle proposte di queste tipologie di cartacei (che in realtà spesso pubblicano anche la copia sul web), in forma gratuita. Ovvero distribuiti o casa per casa, di norma quando riportano notizie di un singolo paese, oppure nelle attività quando toccano più paesi.

Anche a causa di questa tipologia di testate, i quotidiani in vendita nelle edicole hanno subito una flessione nelle vendite.

La scelta del giornale cambierà se si vorrà puntare tutto sul solo paese di sede attività, oppure su più paesi.

Se si punta su un periodico di notizie va tenuto in considerazione che, una volta sfogliate queste invecchieranno, per cui, anche se a tiratura ad esempio settimanale, il giornale avrà una durata di qualche giorno. Se si sceglie una rivista, se questa si occupa di più argomenti e "neutri" quindi non notizie temporalmente individuabili, non avrà un invecchiamento così precoce e la pubblicità potrà durare anche un mese e più.

All'interno di queste tipologie può essere presentato sia l'articolo che la pubblicità d'immagine, in quanto il cartaceo coprirà un periodo più lungo della mera giornata.

° Quanti farne? Se riguarda la pubblicità d'immagine va tenuta ripetuta, magari aggiornata con diverse grafiche che riportino però un focus continuativo (prima definitelo con il venditore). Può essere istituzionale per promuovere l'azienda oppure promozionale per un evento. La continuità è il cardine. L'immagine deve essere d'impatto, le scritte concise e che arrivino al punto. Niente "papiri" con descrizioni.

Se concerne articoli redazionali, vale lo stesso del quotidiano. Non pedante, scritto come articolo e non ripetitivo altrimenti verrà individuato come una pubblicità visiva affollata e il risultato sarà la mancata lettura. Indubbiamente la pubblicità di un'azienda va tenuta fatta per mantenere alta l'attenzione e il ricordo della presenza sul mercato. Il costo varia a seconda della dimensione dello spazio acquistato, può essere davvero minimo oppure leggermente sostenuto (di norma se considerato spalmato sui giorni di uscita, esempio trenta sarà pochi euro giornalieri). Più è grande, più attirerà l'attenzione.

Ricordiamoci che le notizie con tempo individuabile terminano in quanto invecchiano e perdono d'interesse, gli articoli generici (es. ricette, tecnologici...) durano, pertanto questo determinerà anche la possibilità di visibilità più o meno lunga della vostra pubblicità.

° Dove? La scelta è come abbiamo detto dipende se puntare su un Comune o su una zona più ampia.

°Quando? Continuativa con minimo pacchetti trimestrali. La visibilità sarà maggiore (sia istituzionale sia promozionale) e il risultato migliorerà più ci sarà esposizione.

- Radio

Fa parte dei media classici, anche se, grazie al digitale ha subito un forte rinnovamento entrando a pieno titolo nei media evoluti.

Pochissime sono le radio rimaste locali, ovvero che coprono una zona della provincia, spesso sono provinciali o sono diventate network che raggiungono più regioni o addirittura nazionali.

Grazie al web la radio raggiunge ogni parte del mondo, sia essa locale o nazionale, mentre sulle frequenze medie (FM) copre il suo territorio.

La tipologia di pubblico cambia in base al tipo di musica trasmessa (es. musica classica, dance, latino americana…) la maggior parte però trasmette brani misti con l'aggiunta di programmi specifici per settore, andando così a toccare la maggior parte di pubblico.

Le radio locali sono caratterizzate dalla trasmissione di informazioni riguardanti il territorio (radiogiornali, programmi sportivi, culturali, interviste…), che creano curiosità nell'ascoltatore andando a fidelizzarlo. Coprono un ambito parziale di provincia.

Le radio si sono sviluppate anche con siti web e social dove offrono agli sponsor la possibilità d'essere inseriti trasformando l'esperienza, dal solo udito, ad un momento pubblicitario extra sensoriale, diventando multicanale. (ma di questo parleremo nel capitolo riguardante i "nuovi media").

La pubblicità può essere sia istituzionale che promozionale. Gli spot durano al massimo 30 secondi, possono essere realizzati a una o più voci, da speaker interni alla radio oppure da agenzie specializzate. Ovviamente la pubblicità radiofonica si basa sul testo che deve far bene comprendere all'ascoltatore il punto focale, la musica che accompagna lo spot che deve essere calibrata con il messaggio e la voce dello speaker.

Il costo degli spot radiofonici non è alto, occorre però continuità nel messaggio.

Spesso le radio stanno sviluppando anche canali in streaming e quindi attraverso internet, sono già in possesso di siti internet dove possono offrire visibilità al cliente tramite banner o link. Le radio locali si avvalgono anche di siti per diffusione di notizie riguardo la zona di competenza.

Oltre allo spot è possibile sfruttare il sistema radiofonico anche per promozioni all'interno di specifici programmi, magari anche attinenti all'attività o nei quali l'utenza può essere indirizzata alla propria attività (promozioni). Oppure creare ad hoc un programma che faccia risaltare l'attività dello sponsor (rubriche). La rubrica va mantenuta nel tempo per fidelizzare l'ascoltatore, meglio se annuale.

Le promozioni all'interno del programma hanno costi simili a quelli dello spot, mentre la realizzazione di rubriche chiaramente ha un costo più elevato.

° Quanti farne? Per avere una efficace comunicazione il minimo di spot è sei, tre alla mattina e tre alla sera. Il ricordo dello spot viene dato dalla ripetitività e dalla continuità. Meno tempo è trasmesso lo spot meno arriverà il messaggio. Per uno spot promozionale occorrono minimo tre mesi, se riguarda un evento è bene legarlo ad uno spot istituzionale che verrà sostituito al momento dell'evento. Agli spot va modificata almeno la musica di sottofondo almeno ogni tre mesi.

° Dove? La fascia di una impresa locale, è chiaramente la sua zona. Pertanto al massimo i confini provinciali.

°Quando? Annuale è la formula migliore, istituzionale alternato all'evento. Per la singola promozione, per avere risultati, minimo trimestrale.

I Media classici si sono sviluppati, tramite l'identificazione di zone di competenza ed espansione sui social ed internet. Hanno individuato un nuovo tipo di mercato mantenendo l'autorevolezza di un servizio di qualità e professionale. Quando si acquista un servizio di un Media classico, spesso si ha un ritorno anche su web, essendosi questi ormai strutturati per operare su più fronti. Non si può più parlare di Media classici bensì di Media evoluti.

10. WEB MEDIA

"Gestire un'azienda significa gestirne il futuro. Gestire il futuro significa gestire l'informazione" è questa la famosa frase di Harper, citata in ogni libro di comunicazione ed oggi più che mai è vera.

Abbiamo visto quali sono i Media Evoluti e come utilizzarli, ora è giusto dedicare un capitolo ai Web Media ovvero ad Internet ed ai Social per comprenderne il funzionamento e soprattutto, essendo aziende locali, per poterli gestire al meglio senza cadere in trappole.

A) INTERNET

Il World Wide Web (la ragnatela estesa a tutto il modo) fa parte ormai della nostra vita.

E' importante per un'azienda essere presenti anche in questo sistema attraverso un sito internet o pagine web che attestino l'esistenza dell'attività e le sue caratteristiche. Spesso infatti il primo modo per un consumatore d'informarsi circa un'azienda è visionando il sito internet.

L'acquisto del dominio, ovvero il nome che segue il "www" (es. "www" poi "nome ditta" e l'estensione "it" o altre) può essere effettuato tramite rivenditori autorizzati (hosting). Una volta registrato sarà necessario creare al suo interno il vero e proprio sito che dovrà riportare immagini e informazioni fondamentali dell'attività svolta.

E' difficile trovare un imprenditore che realizzi da solo il suo sito, così spesso, accade che ci si rivolga a "web designer".

Il sito necessita anche essere aggiornato, una pagina web abbandonata con poche informazioni e immagini vetuste non darà risalto alla propria attività.

Accanto agli hosting a pagamento sono nati anche sotto domini gratuiti (un esempio sono: wix, site123, jimdo, wordpress, 1&1, weebly, hostinger, … giusto per citarne alcuni) dove il nome dell'azienda sarà formato dalla solita estensione "www", nome hosting (ad esempio) "wix", "nome azienda", ed estensione "it/altre.". Con la registrazione attraverso questo hosting l'imprenditore avrà la possibilità di generare un sito gratuito, facile da creare e aggiornare, formato da alcune pagine.

Chiaro che la realizzazione del sito è solo il primo passetto verso il mondo del web. Infatti il punto subito successivo è l'apparizione nei motori di ricerca del nome della propria azienda.

Per fare questo nascono dei meccanismi (che si possono anche attivare all'interno del sito) denominati SEO, in italiano, "ottimizzatori per i motori di ricerca". Attraverso la gestione di questi ottimizzatori il sito verrà trovato più o meno facilmente da "google, yahoo" e da tutti gli altri motori che normalmente utilizziamo per fare ricerche in Internet.

Non sono solo questi i parametri per far "cliccare" sul sito. Importantissimo per l'azienda è ad esempio essere presente su "Google Maps". Attraverso "Google My Business" l'azienda può diventare molto visibile a chi cerca, inoltre all'interno del servizio del sito è possibile fornire indicazioni stradali ed elementi essenziali.

Il sito internet dell'azienda può essere raggiunto anche tramite altre forme di pubblicità. Il posto sul web è una vetrina, ma occorre che il cliente la cerchi intenzionalmente. Con milioni di siti, per cliccare su quello della vostra azienda è necessario che il potenziale cliente sia stato richiamato da qualcosa.

Abbiamo parlato dei Media Evoluti, proprio sfruttando questi, sarà possibile attirare sul nostro sito i clienti potenziali e mostrare molte più informazioni e immagini rispetto alla pubblicità inserita sul Media Evoluto.

Il nostro sito potrebbe apparire in banner statici o interattivi (link) nel sito del Media, oppure essere presente in redazionali o manifesti pubblicitari, o in uno spot audio o visivo. Legare l'on-line allo statico è sempre una buona idea per la creazione del nostro mix di comunicazione di cui abbiamo parlato nei capitoli precedenti.

Perché usare i Media Evoluti per "pubblicizzare" il web? Semplicemente perché:

"Mentre il web e i social forniscono una considerazione personale, i Media Evoluti ne forniscono una professionale, aumentano la reputazione fragile ed immateriale dei canali virtuali, nei quali la si crea e si distrugge in poco tempo".

E' importantissimo ed indispensabile ricordare questa affermazione per comprendere appieno il ruolo del web nell'azienda.

Esistono anche altri metodi per rendere visibile il nostro sito, come attraverso motori di ricerca "di settore", ad esempio registrandoci, se facciamo parte dei servizi di ristorazione, a "Tripadvisor" o se vendiamo auto ad "Autoscout24" e così via. La nostra pagina potrà essere inserita anche nelle info dei social network.

B) SOCIAL NETWORK

La maggior parte delle persone oggi possiede un profilo su un Social Network, questo profilo personale è collegato a molti "amici" o semplicemente, come avviene nella maggior parte di casi a sconosciuti, a cui ha "accettato la richiesta di amicizia". La gente crea il profilo Social per interagire con altre persone, per esporre idee e convinzioni sulla propria pagina. Se prima erano i bar ad essere luogo di ritrovo per chiacchiere e pettegolezzi, oggi questi si creano sui Social. Le pagine diventano quindi veicolo di "passaparola", ma proprio come in un bar, la valanga di informazioni rischia di perdersi e spesso non le "sentiamo".

Sui Social, l'azienda locale dovrà confrontare contenuti che conservando le caratteristiche di pertinenza, autenticità e semplicità, siano capaci di generare conversazione e costruire una comunità di persone. Se da una parte l'azienda locale dovrà guadagnare autorevolezza, attraverso i contatti raggiunti, gli articoli che quotino l'azienda ed i commenti agli stessi, dall'altra dovrà dimostrarsi "alla mano" con gli interlocutori.

A differenza delle grandi marche che sono impersonali, non conoscendo la clientela personalmente, il local ha il vantaggio di conoscere da vicino il pubblico, avere le stesse passioni (squadra di calcio, volley, musica...) e problematiche (scuole chiuse, feste comunali...). Proprio conoscendo i clienti l'attività locale può individuare cosa li attragga. Chiaramente questo è reso noto al gestore/proprietario dell'azienda, pertanto qui non si parla di manager per la gestione del social, al contrario, più si è vicini alla clientela, più la pagina è personale, più la clientela sentirà vicino l'imprenditore.

Ecco il punto focale e la differenza fondamentale tra i Social Network per le aziende nazionali e quelli per l'azienda locale; la presenza dell'imprenditore in prima persona (o da addetti che lavorano a stretto contatto con lui). Una persona terza che svolga questo lavoro andrà ad apportare contenuti generali, "sterili", poco empatici, in quanto non conoscerà la clientela e soprattutto il modo d'essere, di porsi, del proprietario dell'attività, cosa che invece è necessaria che traspaia sui Social Media.

Socializzare con il cliente o con il potenziale acquirente, come se si fosse al bar. Ad un tavolino, per parlare della vostra azienda non fareste intervenire in vostra vece uno sconosciuto!

Ecco che da questo esempio comprendiamo bene quale sia il significato dell'utilizzo di questi strumenti, ovvero la forma "one to one" di cui abbiamo già parlato nei capitoli precedenti quando abbiamo analizzato il Direct Marketing.

Vediamo in breve quali sono i Social più usati dalle imprese locali.

- Facebook

Con 26 milioni di utenti attivi è ancora facebook il social di riferimento per il mondo.

L'azienda locale si avvarrà di questo Social Network per aprire una pagina che riporterà informazioni dell'attività al fine di creare un contatto con la clientela. Dalla pagina possono essere anche creati eventi, esposte attività in corso, presentate immagini, create storie live tramite video che resteranno visibili per poco tempo oppure caricati brevi video di momenti di "vita" dell'azienda.

Le iniziative e i post devono essere tenuti aggiornati per mantenere il contatto con i clienti. Pubblicare pubblicità istituzionali è inutile, meglio puntare sul singolo evento che sarà ricordato dal consumatore.

La pagina rappresenterà quella che è la parte "sociale" dell'attività, ne esalterà il carattere, pertanto dovrà essere molto personale.

Come abbiamo detto, a differenza delle grandi imprese che sono impersonali, le aziende locali devo esternare le peculiarità che le distinguono. Per questo motivo un soggetto esterno che gestisca la pagina farà crollare quel "one to one" con il cliente.

Importante è fornire contenuti alla clientela, se si sta effettuando pubblicità tramite altri canali, che siano Media Evoluti o altri siti, è rilevante postare sulla propria pagina tale attività al fine di sostenere l'immagine aziendale. Un esempio può essere un articolo commissionato ad una testata, questo dovrà essere riportato sui social (e suo sito internet) per andare a sostenere e rafforzare la reputazione aziendale.

Ricordiamoci che facebook è un'auto referenza.

Importante è avere tanti "amici" sulla pagina, per mostrare a possibili clienti, il buon riscontro dell'attività. Spesso questi "amici" sono inesistenti perché comprati! Proprio così, per dar risalto alla pagina esistono strumenti anche per mostrare maggiori sostenitori e maggiori "mi piace", tutto al fine di dare prestigio e sostanza all'impresa. Tenetelo bene a mente, non è pubblicità.

E' possibile su FB sponsorizzare dei post. Il costo di tale attività è esiguo, si parte da un euro al giorno, selezionando la fascia d'età alla quale vogliamo rivolgerlo, se a uomini o donne, e la zona interessata.

Il rischio: le pubblicità sui social sono molte e il rischio di dispersione dell'attenzione è molta, troppa per pensare che la sola comunicazione di un evento attraverso questo canale dia veri risultati. E' però un ottimo affiancatore di altri metodi.

Come farla: la creazione di "eventi" ai quali i seguaci dovranno aggiungersi cliccando la partecipazione, può essere contro produttiva. Se vengono evidenziati pochi "like", l'evento sembrerebbe essere poco interessante e ci costringerebbe a "comprarli" per non fare brutta figura. Meglio a questo punto puntare su una sponsorizzazione attraverso locandina direttamente sulla pagina e una micro pubblicità di tre o quattro giorni attraverso sponsorizzazione a pagamento.

- Instagram

Al secondo posto, come social più seguito troviamo instagram. IG è seguito soprattutto da un pubblico più giovane, non usa molte parole ma immagini che devono essere necessariamente accattivanti. Proprio per questo il programma offre la possibilità di utilizzare dei filtri preimpostati.

Su instagram ancora più che attraverso altri social, il controllo della comunità deve essere su due piani: su quello locale e sui prodotti che vengono offerti. Gli hastagh sono importanti e devono definire la politica aziendale, individuare i prodotti e dare l'immagine dell'attività. Importante è l'iterazione con chi vi segue su instagram, infatti dovrete impegnarvi a vostra volta a mantenere un collegamento con i vostri seguaci mostrandovi attivi e mettendo like.

Ancora, da utilizzare tramite IG sono le storie real time e il retargeting che viene fatto attraverso facebook.

Eh sì! perché FB ha acquistato instagram, con il quale infatti è possibile collegare le pagine e decidere dove si preferisce nel caso svolgere la sponsorizzazione.

Sottolineiamo un'informazione importantissima: la visibilità dei post per le aziende tramite instagram è in diminuzione dopo l'acquisto della piattaforma da parte di facebook, il tutto ovviamente per cercare di fare investire gli utenti.

Come per l'altro social, avere belle immagini rappresenta un biglietto da visita, esattamente come il numero dei "follower". Per questo motivo anche per IG sono nate aziende che permettono l'acquisto i "follower" o di "like" alle fotografie.

Tempo fa era possibile acquistarli anche attraverso i così detti "bot" ovvero robot che in automatico selezionavano dei profili, spesso falsi che spuntavano direttamente il "follow" alla pagina o il "mi piace". Attualmente instagram è stato fornito di un meccanismo di difesa da questi robot, appunto per "costringere" l'azienda all'acquisto di servizi e limitare la nascita di "influencer" (cioè persone con molti seguaci che attraverso l'uso dei social sponsorizzano marchi e attività). Nonostante tutto è ancora possibile acquistare attraverso aziende specializzate per questa funzione.

Ricordiamo infine che anche IG come gli altri social rappresentano "centri di socializzazione virtuale" che rispecchiano l'attività locale, e quindi l'imprenditore.

- Altri Social

Compreso cosa sono i Social e i due principali, vediamone anche altri due:

° Tik-Tok: È nata come una piattaforma di video musicali amatoriali, ma ha poi allargato il suo bacino a tutti i tipi di video brevi. Se instagram è il Social dei giovani, tik-tok è quello dei giovanissimi che ormai stanno abbandonando le fotografie per spostarsi sui video. L'app consente agli utenti di guardare clip musicali, creare brevi clip fino a un massimo di 60 secondi, ma soprattutto di modificare e aggiungere un gran numero di effetti speciali a piacere in modo molto semplice.

° Linkedin: E' un curriculum online che funziona però grazie ai collegamenti con altri utenti. All'interno di questa piattaforma ci sono professionisti ed imprese che sono raggiungibili con pochi click.

C) MEDIA EVOLUTI

Proprio così, anche sul web troviamo i Media classici che abbiamo imparato essersi evoluti. Avevamo già accennato nel capitolo a loro riservato della possibilità di sfruttare la reputazione e il sinonimo di professionalità di queste realtà anche attraverso Internet e Social per avere un ritorno d'immagine ancora superiore.

Infatti la presenza dell'azienda locale sul web è importante e deve essere sostenuta da fonti autorevoli, i Social e i siti Internet come abbiamo detto sono "auto referenziali" ecco quindi che entrano in gioco i Media Evoluti attraverso:

° Banner: Sono immagini, istituzionali o promozionali, della nostra attività. Vengono inserite sui siti dei Media per offrire maggiore visibilità. Possono contenere a volte anche un "link" all'interno dell'immagine che può rimandare al sito Internet dell'azienda, alla pagina facebook/tripavisor ecc...

° Redazionali: Se il sito è quello di un giornale o di una rivista, attraverso l'acquisto di un articolo su commissione, come se il contatto fosse stato di iniziativa della testata. Questo offre un ritorno di "importanza" e attenzione a riguardo dell'attività aziendale. Il link dell'articolo poi può essere copiato all'interno della pagina facebook o Internet, mostrandolo orgogliosi ai follower, ottenendo attenzione e aumentando così il valore istituzionale dell'azienda.

° Spot: gli spot sia radiofonici che televisivi sono spesso postati sui social delle emittenti attraverso video. Anche questi possono essere "girati" sui siti o sui Social.

° Interviste: lo stesso vale per le interviste radiofoniche o televisive, anche queste possono essere sfruttate per un ritorno di reputazione ed una pubblicità sul web.

In sintesi, nelle aziende locali è importante la presenza dell'imprenditore sui Social, solo lui conosce la sua azienda ed i suoi clienti e solo lui può raccontare tramite post, immagini e video quello che giornalmente accade, tenendosi in contatto con i consumatori attuali e potenziali. Il socializzare si è spostato sul web e quello che l'attività fa è una comunicazione "faccia a faccia", è un passaparola. Parola chiave è condividere emozioni e parti di quotidianità.

Abbiamo compreso a cosa realmente servano i Web Media e di come l'azienda possa ottenere il massimo rendimento come ritorno d'immagine tramite questi, mostrando un alto numero di follower e sfruttando anche l'autorevolezza dei Media Evoluti. Ora non resta che creare il giusto mix, calcolando gli investimenti e il ritorno di reputazione aziendale.

11. FALSI MITI

Il mondo della pubblicità abbiamo visto è ampio e spesso qualcuno approfitta della lacuna o della confusione di informazioni dell'esercente attività locale, che di norma non ha nella sua impresa di medie dimensioni un addetto marketing. Di seguito leggerete una serie di falsità che capita vengano propinate ai meno preparati (non sicuramente a voi che avete letto questo manuale).

° A chi non è mai capitato di aprire la porta dell'azienda ad un aitante giovanotto, che presentandosi con un biglietto da visita ci inebetisce con una serie di titoli che non conosciamo come: Social media manager, SEO manager, landing page, e-commerce, App, e-mail marketing... in realtà, in italiano, sarebbero attività di gestione di siti internet, di ottimizzazione dei motori di ricerca, creazione di pagine internet realizzate per convertire i visitatori del sito in contatti (facendo lasciare a questi di loro volontà il contatto tramite ad esempio un coupon), creazione di pagine di vendita on-line, invio di posta elettronica con promozioni (le vecchie cartoline che sono andate in disuso). Sembrerebbe un mondo affascinante, venduto come la possibilità di raggiungere l'Olimpo, ma ora, fate una valutazione in base a quanto abbiamo finora esposto. Quante di queste attività rispettano il vostro target e territorialità? serviranno realmente alla vostra impresa locale? Ricordate che non siete un'azienda nazionale, procedete passo dopo passo.

Ricordate che i Social, vanno seguiti da vicino e solo un soggetto interno all'azienda riuscirà a dare quel surplus necessario a far sentire "a casa" i vostri clienti e invitarne di potenziali.

Inoltre i sedicenti venditori si presenteranno spesso come società di comunicazione affermando di vendervi pubblicità. Chiede una visura camerale al vostro consulente. Nella fattura potrebbero indicare pubblicità, ma se non è tale rischiereste a seguito di un controllo fiscale di dover pagare sanzioni per aver dedotto dei costi pubblicitari non reali. I servizi svolti spesso sono servizi di intermediazione, non pubblicità e ancora più frequentemente le società o persone venditrici non avranno l'autorizzazione ad esercitare attività di agenzia pubblicitaria.

° "Il mio sito internet fa 500mila utenti al giorno" e chi sta affermando ciò possiede un sito di notizie provinciali. Ora facciamo un calcolo semplicissimo. Per capire il ragionamento prendiamo gli abitanti di Brescia e provincia: 1.264.000 abitanti in totale. Metà di questi non usa internet in quanto minorenne o giovane, pertanto non attratto da notizie di cronaca, politiche o quant'altro, scendiamo a 600 mila. Di questi, una parte sono anziani sopra i 70 anni che difficilmente raggiungono un sito solamente on-line senza testata cartacea storica, alla quale reputano una certa autorevolezza, e siamo a 400 mila. E anche se tenessimo per buono che tutte le 400mila persone rimaste tutti i giorni aprissero il sito, saremmo comunque al di sotto del valore dichiarato.

° Ho inserito un post su facebook e ho fatto 5000 visualizzazioni. Di chi sono queste? Sono potenziali clienti? Sono del territorio? L'inserzione è apparsa sulla loro pagina come tantissime altre, l'avranno effettivamente visualizzata/notata o saranno passati oltre?

Ricordiamoci che i social nascono per dare voce alla gente, teniamo a mente che le persone vogliono parlare dei loro interessi e che questi sono luoghi per socializzare, il resto passa in secondo piano.

° "Mai nessuno mi dice che viene da me perché m'ha visto in tv/giornale/rivista/web". Mai un nuovo cliente vi dirà dove ha preso l'informazione è davvero molto molto difficile. Eppure da qualche parte vi avrà notato, soprattutto se non è del luogo. La pubblicità anche solo istituzionale (nome attività, caratteristiche principali) crea attorno a sé una reputazione. Come avete letto nella primissima pagina di questo volume:

"La ripetizione crea reputazione e la reputazione crea clienti"
la comunicazione ripetuta, entra nella testa e crea l'idea.

I Media Evoluti rappresentano uno zoccolo duro, una sicurezza. Il web e i social, la volatilità. I Media Evoluti offrono concretezza e tangibilità alla reputazione aziendale, sono identificati ed identificabili sempre. I Web Media sono volatili, sottoposti ad alti e bassi ed esposti ad una difficoltà di mantenimento dell'attenzione da parte dei destinatari.

Se volessimo fare un paragone semplificano potremmo dire che i Media Evoluti sono il mercato reale (come quello formato dai negozi, dagli artigiani, dai somministratori che esistono sul nostro territorio), i Web Media sono come "la borsa", intangibile e sottomessa ai capricci del mercato.

Ecco perché è necessario un mix tra le due forme, ottenibile facilmente.

12. CONCLUSIONI

Mai come oggi la pubblicità è stata in discussione, l'ambito di partenza che circoscrive, che cosa comprende, dove inizia e dove finisce, se mai finisce. Il rapporto con la società, con i modi sempre più complessi.

La pubblicità resta il grande strumento di intermediazione tra la produzione e il consumo che vale a diffondere un'informazione argomentata, rispondente a un punto di vista e all'esercizio della persuasione. Non esiste, non è mai esistita né mai esisterà una comunicazione neutra (cioè meramente informativa) come non esiste un comunicare in modo asettico.

La sua vocazione non è solo meramente commerciale ma anche di affermazione, sempre col fine del perpetuarsi del circuito economico stesso, fatto di relazione tra l'offerta e la domanda. E' uno specchio documentale delle attese, dei desideri e degli immaginari che un dato momento rappresenta.

La comunicazione costruisce soggetti, la cui identità è rappresentata dal mix pubblicitario scelto ovvero dalla leva pubblicitaria tra media evoluti e web media attuata dall'impresa.

Questo sistema è a tutti gli effetti un circuito comunicativo che resiste a tutti gli enormi cambiamenti che la pubblicità ha attraversato, dalla sua nascita connessa alla rivoluzione industriale, alla sua realtà presente.

In conclusione, abbiamo esaminato il marketing e le sue funzioni. La necessità dell'impresa di tenere sotto controllo il mercato, di sviluppare i quattro punti fondamentali del marketing mix. Abbiamo preso coscienza della vita di un prodotto e dello studio per la definizione del suo prezzo, analizzando il consumatore nei suoi vari aspetti e abbiamo visto come trattarlo.

Siamo entrati nel cuore della pubblicità esaminandone le forme, i pro, i contro e i falsi miti, fornendo indicazioni per sviluppare al meglio questa leva.

Ora spetta a voi, alle vostra capacità di analisi e al vostro spirito imprenditoriale. Sempre tenendo a mente la frase di Henry Ford "la pubblicità è l'anima del commercio".

Biografia

Marianna Archetti nasce a Brescia nel 1984.

Dopo la laurea triennale in Economia e gestione aziendale consegue la laurea specialistica in Libera professione e consulenza aziendale. Entrambe presso l'Università degli Studi di Brescia.
E' dottore commercialista, revisore legale, revisore enti locali e giornalista pubblicista iscritta agli ordini.

Ha ricoperto il ruolo di assessore al bilancio, commercio, eventi e fiere presso la Città di Rovato (BS).
Redattrice di una rivista mensile è anche direttrice di una emittente radiofonica locale.
Organizzatrice di eventi, tra i quali il raduno automobilistico "Auto d'Epoca in Franciacorta" riconosciuto anche dalla Commissione Europea.
Pianista e chitarrista è anche istruttore certificato del metodo Pilates.

Tra le sue pubblicazioni:

- 2013: Le scelte difficili delle donne: occupazione, disoccupazione, famiglia e carriera.
- 2016: Il Fantastimondo: fiabe e favole inedite
- 2017: Associazioni: manuale d'uso
- 2018: Burattinai e Galoppini: i retroscena della politica aziendale (in collaborazione con Chiaretta Mannari)
- 2020: Burattinai e Galoppini: la gente dimentica
  (in collaborazione con Chiaretta Mannari)